Lecte

Je sais lire mes premières histoires

À la recherche de Filou

CHANTECLER

Où est Filou ?

Toc toc toc toc toc.
Un pivert cogne sur un arbre.
À part cela, tout est calme.
Il n'y a pas un bruit.
Le ciel est tout bleu, sans nuage.
Alex et Lucas sont devant la tente.
C'est là que dorment les parents de Lucas.
Ils sont encore fatigués du voyage.
« Sais-tu ce qu'on peut faire ? »
demande Lucas.
Alex est en train de lire.
« Prends donc un livre », dit-il.
« Non, je n'ai pas envie de lire. »
Alex est le meilleur ami de Lucas.
C'est pour ça qu'il a pu les accompagner.
« C'est bien d'avoir un copain avec soi,
avait dit le papa de Lucas.
Comme ça on ne s'ennuie pas. »
Eh bien, il avait tort !

« Je m'ennuie ici », dit Lucas.
Il regarde autour de lui.
« Dis, où est passé Filou ? »
« Ça, j'en sais rien », dit Alex.
Et il continue à lire.
Filou est le chien de Lucas.
Enfin, c'est aussi le chien de son papa
et de sa maman.

Son pelage est tout blanc
quand il vient de prendre son bain.
Mais il ne reste jamais blanc longtemps.
« Quel idiot, ce chien, dit Lucas.
Il n'arrête pas de faire des fugues ! »
« Il s'est peut-être perdu, dit Alex
en refermant son livre.
Ou il est tombé dans un puits.
Ou bien il s'est cassé une patte.
On ne sait jamais. »
Lucas devient tout pâle.
« Dis, ça pourrait être grave, dit-il.
Pauvre Filou, il faut faire quelque chose. »
Lucas entre dans la tente de ses parents.
Il doit les prévenir !

« Papa ! Maman ! »
Il secoue son papa.
« Hmm, qu'est-ce qu'il y a ? »
demande papa en bâillant.
« Filou a disparu, dit Lucas.
Venez, il faut partir à sa recherche. »
« Pas maintenant, dit papa.
Je suis mort de fatigue.
Il reviendra bien tout seul. »
Et papa retombe endormi !

« Eh bien, merci de m'aider ! grogne Lucas.
Ce n'est pas gai d'avoir un papa comme ça. »
Il ressort de la tente.
« Et ? » demande Alex.
« Viens, on va dans la forêt chercher Filou. »
« Bonne idée, dit Alex.
Mais tu ne préviens pas ton papa ? »
« Non, il dort », dit Lucas.

Dans le sac à dos, ils prennent :
la trousse de secours,
une lampe de poche, une longue corde,
une bouteille de limonade, des biscuits
et un sac avec des bonbons.
Puis ils se mettent en route.
« On va de quel côté ? » demande Alex.
« Euh », dit Lucas, et il réfléchit.
Il ne sait pas.
« Par là », dit-il enfin.
Il montre un petit chemin dans le bois.

À la recherche de Filou

« Passe devant », dit Alex.
« Pourquoi ? » demande Lucas.
« Parce que c'est moi qui porte le sac à dos », dit Alex.
Le chemin est en pente.
Le soleil brille à travers les branches.
De temps en temps, Lucas crie : « Filou ! Filou, où es-tu ?
Allez, viens mon chien, viens ! »
Mais pas de trace de Filou.
« On le trouvera bien », dit Alex.
« Oui », dit Lucas.
« Mais je suis fatigué, Lucas.
Et j'ai faim.
Il est temps de s'arrêter un peu. »
Alex s'assied sur une grosse pierre et jette un œil dans le sac à dos.

« Tu veux un biscuit
et un peu de limonade ? »
« Oui, je veux bien », dit Lucas.

Lucas est assis dans la mousse.
Il boit à la bouteille.
Glou glou glou.
Soudain, il fait un renvoi !
« Beurk, quel impoli ! dit Alex.
J'ai soif aussi. »
« Depuis combien de temps on est partis ?
demande Alex.
Une demi-heure ?
Une heure, tu crois ? »

« Qu'est-ce qu'il y a ? demande Lucas.
Tu veux rentrer, c'est ça ?
Sans Filou ?
Si tu veux y aller, vas-y.
Ça m'est égal. »
« Non, non, dit Alex.
Je continue, comme toi. »
« Tu n'as quand même pas peur ? »
demande Lucas.
« Peur, moi ? dit Alex.
Je ne connais même pas ce mot ! »
Il attrape le sac à dos.
« Alors, Lucas, tu viens ?
On y va ! »

La bête

Ils marchent dans le bois.
Toujours aucune trace de Filou.
« Hé, Lucas, crie Alex.
Tu veux bien porter un peu le sac à dos ? »
« Bien sûr », dit Lucas.
Mais, au moment où Alex veut lui donner le sac, il entend quelque chose.
Et Lucas aussi.
Ils ne bougent plus...
Une branche craque,
un buisson bouge...
Un animal grogne
et renifle.
Il est tout près d'eux !
Soudain, ils aperçoivent
une touffe de poils bruns hirsutes,
une corne, un regard méchant...
« On s'en va d'ici, vite ! » hurle Lucas.

Il court et court.
Il tombe, se relève, recommence à courir.
« Attends-moi, crie Alex.
Je ne cours pas aussi vite que toi ! »
Le sac danse sur son dos.
Il halète, à bout de souffle.
Son cœur bat à tout rompre.

Au bout d'un moment, Alex le rattrape.
Lucas est assis dans un arbre.
« Elle est encore là, la bête ? » demande-t-il.
Alex regarde autour de lui.
« Non, rien à signaler, dit-il, essoufflé.
Elle est partie.
Dis, Lucas, tu sais où on est ? »
Lucas scrute les alentours.
« Non, je ne vois que la forêt. »
Alex dit : « Alors on est perdus.
Qu'est-ce qu'on fait ? »
« Bonne question », dit Lucas.

La nuit tombe

Le soleil se couche.
Alex frissonne.
Si au moins il avait un blouson.
Il se fait tard, pense-t-il.
Plus que quelques heures et il fera nuit.
« Qu'est-ce que j'ai faim ! » se plaint Lucas.
Alex regarde dans le sac à dos.
« Il y a encore des petits bonbons », dit-il.
« Donne ! » dit Lucas.

Mais qu'est-ce qu'Alex entend ?
C'est Lucas qui pleure en silence.
« Qu'est-ce qu'il y a ? demande Alex.
Tu as peur ? »
« Non, dit Lucas.
Ou plutôt si, un peu.
Il fait tellement noir. »
« Courage, dit Alex.
Dormons quelque part.
On verra demain. »
Alex prend la lampe
de poche et l'allume.

La maison dans la forêt

Lucas demande :
« Où va-t-on dormir ? »
« Je ne sais pas, dit Alex.
Dans une cabane par exemple. »
Il éclaire autour de lui.
Il aperçoit un chemin assez large.
« Viens, dit Alex.
Ce chemin mène sûrement quelque part. »
Et il a raison !
Le chemin les mène à une vieille maison.
Tout est éteint.
Elle a l'air vide.
« Cet endroit me donne la chair de poule,
dit Lucas.
C'est sûrement une sorcière qui habite ici.
Ou une vieille dame avec une verrue
sur le nez.
Elle va nous manger tout crus. »

Alex regarde par la fenêtre.

« Pas âme qui vive, et pas de sorcière non plus. »

Il pousse la porte.

Elle n'est pas fermée à clé.

Il fait signe à Lucas : « Viens.

À moins que tu veuilles dormir dans le bois ? »

« Toi d'abord », dit Lucas en tremblant.

Le chien policier

Alex éternue.
La poussière lui pique le nez.
Le plancher craque sous leurs pieds.
Par la fenêtre passe la lueur de la lune.
Son ami reste près de lui.
« Viens, Lucas, dit Alex.
Prends ma main.
Ça va te donner du courage. »
Lucas agrippe sa main.
« Y a-t-il un lit ? » demande Alex.
« Peut-être, mais il sera très sale »,
dit Lucas.

« J'entends quelque chose ! »
dit soudain Alex.
Un animal gémit dans la forêt, tout près.
Alex regarde par la fenêtre et dit :
« À mon avis, c'est... »

« ... un loup-garou ! s'écrie Lucas.
Et il vient par ici ! »
Il est tout pâle.
Soudain, ils voient une petite lumière qui danse dans la forêt.
Elle se dirige droit vers la maison.
« J'entends autre chose, dit Alex.
Une voix, la voix d'une personne !
Ce n'est pas un loup-garou.
C'est Filou !
Ton papa et ta maman sont avec lui. »
« Lucas ! Alex ! » crie une voix.
Lucas se précipite dehors, ainsi qu'Alex.
Maman les serre dans ses bras.
Elle leur fait un câlin.

« Je suis si heureuse, si heureuse », dit-elle.
Elle embrasse Lucas, encore et encore.
Puis Alex aussi.
Papa les enlace tendrement tous les trois :
maman, Lucas et Alex.
« Nous sommes à nouveau réunis », dit-il.

Filou court joyeusement autour d'eux, en jappant bruyamment.
« C'est Filou qui nous a amenés ici, dit papa. Remercie-le, Lucas. Il a senti vos traces, à Alex et à toi. »
Lucas caresse Filou.

« Je suis fier de toi, mon chien.
Tu es un vrai chien policier.
Mais ne t'en va plus jamais, hein ! »
« Hmmm, dit papa.
Tu entends qui dit ça !
Allez, on retourne à la tente,
et dodo dans vos sacs de couchage ! »

Ma maîtresse est bizarre

Madame Laura

La maîtresse ferme la porte de la classe.
« Bonjour, dit-elle.
Cette année, c'est moi votre maîtresse.
Je m'appelle Madame Dupuis.
Mais chez moi on m'appelle Laura.
Vous pouvez aussi m'appeler Laura
ou plutôt Madame Laura. »
Pour une grande personne, elle est petite.
Elle a l'air un peu étrange.
Elle porte une casquette sur la tête.
C'est une casquette mauve
beaucoup trop grande pour elle.
Ses cheveux roux sont tout bouclés.
Elle a vraiment des cheveux en broussaille.
Peut-être n'a-t-elle pas de peigne ?
Elle prend une liste dans son sac.

« Dites-moi votre prénom », dit-elle.
« Je m'appelle Luc », dit Luc.
« Je m'appelle Nora », dit Nora.
« Je m'appelle Cédric », dis-je.

Madame Laura prend une boîte
dans son tiroir.
« J'ai envie d'un biscuit, dit-elle.
Qui en veut aussi ? »
Chaque enfant reçoit un biscuit.
« Miam-miam », dit la maîtresse.

Elle regarde par la fenêtre.
« J'ai une idée, dit-elle.
Il fait beau, le soleil brille.
On va au parc.
On apprendra plus de
choses qu'en classe. »

Dans le parc

Le parc n'est pas très loin.
Nous sommes déjà arrivés.
Il fait bien calme dans le parc.
Je vois une dame avec un enfant.
Un homme est assis sur un banc.
Il lit le journal.
« Arrêtez-vous, crie la maîtresse.
Nous y sommes.
Cherchez un endroit,
c'est ici que je vais
donner la leçon. »

« Leçon numéro un, dit Madame Laura.
Comment vivent les singes ?
Attention, je vais vous montrer. »
Elle s'approche d'un arbre.
Mais que fait-elle ?
Elle agrippe le tronc.
Elle se hisse dessus.
Elle grimpe sur une branche.
Elle a de la force !
Elle ose, ça alors !
« Regardez, nous crie-t-elle.
Maintenant je suis un singe !
Les singes vivent
dans les arbres.
Ils mangent des fruits. »
Toute la classe trouve ça étrange,
une maîtresse dans un arbre.
On ne voit pas ça si souvent !
Comme un singe, la maîtresse s'accroche
à une branche.
Sa casquette tombe sur le sol.

L'homme du parc

Voilà qu'arrive un homme.
Il porte également une casquette.
Elle a un beau bord doré.
Il travaille dans le parc, je crois.
Il regarde Madame Laura dans l'arbre.
« Vous ne pouvez pas faire ça ! dit l'homme.
Allez, descendez de là. »
« Il le faut vraiment ? » dit Madame Laura.
« Oui, c'est comme ça », répond l'homme.
Il est très fâché contre la maîtresse.
Elle descend de l'arbre.
L'homme la regarde.
« Vous ne pouvez pas faire ça ! » répète-t-il.
« Ah non ? dit Madame Laura.
Je ne savais pas. Je ne le ferai plus. »
Mais elle n'en pense rien.
On le voit bien.
L'homme s'en va.

« Quel enquiquineur ! » dit la maîtresse.
« Vous avez dit quelque chose ? »
demande l'homme.

« Je me demandais simplement si vous aimiez les saucisses », dit la maîtresse.
L'homme se met à rougir.
« Vous vous moquez de moi ! »
Mais il continue son chemin.
Madame Laura lui tire la langue et se met à loucher.
Je l'ai déjà dit :
notre maîtresse est un peu bizarre.

À la maison

Après l'école je rentre chez moi.
« Comment s'est passée ta journée ?
demande maman.
Et comment est ta maîtresse ? »
« Elle s'appelle Madame Laura, dis-je.
Elle nous donne des biscuits.
Elle grimpe aux arbres comme un singe.
Elle tire la langue et elle louche. »
Maman secoue la tête.
« Ta maîtresse a l'air bizarre. »
Je réponds : « Oui, je trouve aussi. »

La maîtresse danse

On ne s'ennuie pas avec Madame Laura.
Chaque jour, elle fait quelque chose de fou.
Elle met une plume dans ses cheveux.
Elle danse et tourne en rond.
« Écoutez-moi bien, dit-elle.
C'est une danse qui vient de très loin.
Une danse pour qu'il fasse beau.
Regardez dehors.
Ça marche ! »
En effet, il faisait gris dehors.
Et maintenant le soleil brille.
C'est bien un coup de Madame Laura !
« Dansez avec moi, dit-elle.
Pour qu'il fasse beau longtemps. »
On fait comme elle.
n danse dans la classe.
dame Laura bat la mesure, puis elle dit :
ournez à votre place en dansant. »

Dans le potager de l'école

À l'école on a aussi un jardin potager.
Chaque enfant a une petite parcelle
avec de la salade ou du chou ou des haricots.
Le vendredi on va au jardin.
J'ai une petite pelle.
Nora est près de moi.
Elle a un seau et un râteau.
Le sol du potager est très sec.
Le soleil brille tous les jours.
Est-ce grâce à la danse de la maîtresse,
qui danse pour qu'il fasse beau ?
Je ne sais pas, c'est possible.
« Le sol est beaucoup trop dur,
dit Madame Laura.
On va changer ça.
Je prends le tuyau
d'arrosage.
Quelqu'un voit
un robinet ? »

« Là, dit Luc, au mur. »
La maîtresse prend
le tuyau.
Elle ouvre le robinet.

Madame Laura arrose ici et là
et en l'air juste au-dessus d'elle.
Tout le monde est mouillé.
« Regardez, dit-elle, le doigt en l'air.
Voyez-vous le jaune, le rouge,
le violet ? »
Elle a créé un arc-en-ciel.
Il est tellement beau.
Je ne sens plus que je suis mouillé !

Je ne veux pas aller à l'école

C'est chouette avec Madame Laura.
J'aime bien aller à l'école.
Mais aujourd'hui, je n'ai pas la tête à ça.
Je pense à mon poisson rouge.
Quand je suis sorti de mon lit,
je l'ai tout de suite remarqué.
Il flottait sur le dos.
Il était mort !

Papa a creusé un trou dans le jardin.
C'est pour mon poisson.
J'ai cherché une pierre, une qui brille.

Mon poisson est dans le jardin,
sous cette pierre.
« Je ne veux pas aller à l'école »,
dis-je en pleurant.
Papa dit : « Vas-y quand même. »
Je suis donc allé à l'école.
Mais j'attends de pouvoir rentrer.
La journée est si longue.
Je ne ris pas aux blagues de Madame
Laura.

Une chanson pour le poisson

« Attends, Cédric, dit Madame Laura,
alors que je m'apprête à quitter la classe.
Qu'est-ce qui se passe ?
Tu es si triste, si silencieux.
Ça ne te ressemble pas. »
La classe est vide.
Il ne reste que Madame Laura et moi.
Je ne dis rien, je n'y arrive pas.
Je me sens si triste.

« C'est une larme que je vois là ? »
demande la maîtresse.
« Non, non », dis-je.
Je balaie la larme de la main.
« Mon poisson est mort, dis-je.
Il flottait sur le dos dans son aquarium. »
« Viens ici », dit la maîtresse.

Elle me prend dans ses bras.
Elle sent le savon.
« Ton poisson avait-il un nom ? »
demande Madame Laura.
« Oui, dis-je.
Tom. Tom le poisson. »
« Tu sais quoi ? dit Madame Laura.
J'ai une bougie.
Je vais l'allumer pour Tom.
Et je vais chanter une chanson pour lui.
Où qu'il soit, il l'entendra. »
Elle prend la bougie et l'allume.
Elle chante une chanson, très jolie.
C'est une chanson de la mer.
Ça me calme.
Personne d'autre n'entend cette chanson.
Seulement moi et Madame Laura.
Et mon poisson ?

Laura le poisson

À la maison, je lance mon cartable
dans un coin.
« Tu es en retard, dit maman.
Papa a quelque chose pour toi.
Va vite le voir. »
« Papa ? »
« Je suis ici, Cédric ! » crie papa.
Je cours dans l'escalier.
Papa est près de l'aquarium,
l'aquarium de Tom.
Dans l'aquarium,
un poisson tourne.
« Tu es content ? »
demande papa.
« Oui », dis-je.
Papa demande :
« Sais-tu déjà comment
tu vas l'appeler ? »

Et je sais déjà son nom.
Je vais l'appeler Laura.
« Comme ta maîtresse ? dit papa.
Elle est un peu bizarre, non ? »

« Non, non, dis-je.
Ma maîtresse n'est pas bizarre.
Elle est gentille. »
« Gentille comme maman ? » dit papa.
« Presque, dis-je.
Presque aussi gentille. »